Bibliografische Information Der Deutschen Bibliothek
Die Deutsche Bibliothek verzeichnet diese Publikation in der Deutschen Nationalbibliografie; detaillierte bibliografische Daten sind im Internet über http://dnb.ddb.de abrufbar

Fotografie: Klaus Lipa, Diedorf bei Augsburg
Lektorat: Susanne Gugeler, Mering
Umschlagkonzeption: Zero Werbeagentur, München
Herstellung: Melanie Gradtke
Layout: Anton Walter, Gundelfingen

Ein Unternehmen der Droemerschen Verlagsanstalt Th. Knaur Nachf. GmbH & Co. KG, München

Satz: Gesetzt aus 10 Punkt Stone Serif von DTP-Design Walter, Gundelfingen
Reproduktion: GAV-Prepress, Gerstetten
Druck und Bindung: Appl, Wemding

Gedruckt auf 115 g umweltfreundlich chlorfrei gebleichtem Papier.

ISBN 3-426-66931-5

Printed in Germany

Bitte besuchen Sie uns im Internet:
www.droemer-knaur.de

Weitere Titel aus dem Bereich Kreativ finden Sie im Internet unter:
www.knaur-kreativ.de

Ursula Grabner

Schachteln und Dosen stilvoll dekorieren

Ursula Grabner

Schachteln und Dosen

stilvoll dekorieren

AUGUSTUS

Inhalt

Die Deutsche Bibliothek
– CIP-Einheitsaufnahme

Schachteln und Dosen stilvoll dekorieren : Ursula Grabner. – München : Augustus-Verl., 2000 (Kreathek)
ISBN 3-8043-0482-6

Für die großzügige Unterstützung mit Dekorationsmaterial bedanken sich Verfasserin und Verlag bei der Familie Kronsteiner von der Firma Kronsteiner Hobby und Kunst in Wien.

Fotografie:
Klaus Lipa, Diedorf bei Augsburg
Lektorat: Susanne Gugeler, Mering
Umschlaggestaltung/Herstellung:
Melanie Gradtke
Umschlaglayout:
Kontrapunkt, Kopenhagen

Layout:
Anton Walter, Gundelfingen

AUGUSTUS VERLAG,
München 2000

Satz: Gesetzt aus 9,5 Punkt Korinna Regular von DTP-Design Walter, Gundelfingen
Reproduktion:
Repro Ludwig, A-Zell am See
Druck und Bindung:
Appl, Wemding

Gedruckt auf 135 g umweltfreundlich elementar chlorfrei gebleichtem Papier

ISBN 3-8043-0482-6

Printed in Germany

Vorwort

Ob Sie alte, neue, ausrangierte, selbst gemachte, gefundene oder gekaufte Dosen und Schachteln aus Holz, Metall, Karton, Kunststoff besitzen, jedes Stück kann liebevoll und kreativ verschönert werden und findet so wieder eine neue Verwendung.

Mit geringem Aufwand können Sie die liebgewonnene Holzschatulle, die alte Zigarrendose oder den formschönen Cremetiegel in praktische Kostbarkeiten verwandeln.

Mit diesem Buch möchte ich Ihnen dazu einen Einblick in die Vielseitigkeit der Dekorationsmöglichkeiten von Dosen und Schachteln geben.

Neben einfachen Gestaltungsideen wie dem Kaschieren von Papier und Karton zeige ich hier auch etwas aufwändigere Techniken wie das Vergolden oder das Dekorieren mit dem Heißkleber.

Aber Sie werden sehen, anhand der ausführlichen Arbeitsanleitungen gelingt Ihnen das Nacharbeiten mühelos, und Sie werden so sicherlich zu weiteren Gestaltungsvarianten inspiriert werden.

Ich wünsche Ihnen viel Freude am unerschöpflichen Thema »Dosen und Schachteln dekorieren«.

Ursula Grabner

Material und Werkzeug

Schachteln, Dosen und andere Behältnisse

Fast alle Dosen, Schachteln, Kartons usw., die sich im Haushalt ansammeln, können Sie in irgendeiner Variante verwenden und in dekorative Unikate verwandeln.

Hier einige Anregungen:
Unansehnlich gewordene Keksdosen, leere Tee- und Kaffeedosen, die berühmten hohen Kartoffelchipsdosen, leere Konfektkartons, Spandosen, alte Geschenkkartons, Seifendosen, formschöne Cremetiegel, stabile Schuhkartons, abgenutzte Porzellandöschen, verblichene Holzschatullen, Zigarrenschachteln und vieles mehr.

Bastelläden und Hobbyfachgeschäfte haben eine große Auswahl an Spandosen und unbearbeiteten Kartons. Einfache Metalldosen können Sie im Farbenfachhandel, in dem Farben gemischt werden, erwerben.

In Haushaltsläden bekommen Sie einfache Keksdosen aus Metall und Kunststoff.

Und nicht zu vergessen, der beliebte und unerschöpfliche Fundus eines Flohmarktes oder Trödlerladens, wo Sie preisgünstig ausgefallene Stücke kaufen können.

Achten Sie aber darauf, dass die Dosen und Kartons sauber und fettfrei sind, bevor Sie die Stücke, wie auch immer, bearbeiten und dekorieren.

Werkzeug und Hilfsmittel

Schere und Zange werden zum Kürzen von Draht, Trockenblumen, Bändern und zum Zerschneiden von Applikationsmaterial, wie Borten usw., verwendet.

Pinsel benötigen Sie zum Auftragen von Leim, Farben und Lacken usw.

Mit der **Heißklebepistole** befestigen Sie diverses Dekorationsmaterial, wie zum Beispiel Schleifen, Blumen usw. Der Vorteil gegenüber anderen Klebemitteln besteht darin, dass die heiße Klebemasse sehr schnell abkühlt und somit die zu befestigenden Teile rasch und dauerhaft fixiert werden können.

Außerdem zeige ich in diesem Buch eine Arbeitsvariante, in der diese Klebemasse auch gestalterisch eingesetzt wird.

Bastelleim benötigen Sie für Klebearbeiten auf Holz oder Styropor bzw. dann, wenn Sie Klebstoff ohne Lösungsmittel bevorzugen. Sie müssen aber die längere Trocknungszeit berücksichtigen. Mit Wasser verdünnter Leim dient unter anderem auch zum Kaschieren von Papier, Karton und Stoff.

Alleskleber haben den Vorteil, dass sie aufgrund der in ihnen enthaltenen Lösungsmittel schnell trocknen. Sie eignen sich daher gut für das Aufkleben von kleinen Zierteilen und auch Borten usw.

Achtung – für Styropor sind Alleskleber nicht geeignet!

Dekorationstechniken

Kaschieren mit Papier und Stoff

Mit Geschenkpapier kaschierter Karton

Wer wirft schon gerne einen kleinen stabilen Karton weg?
Mit dekorativem Geschenkpapier überzogen, bekommt er wieder neuen Glanz.

Material
Karton
Bastelfarbe
Geschenkpapier
Lineal
Bleistift
Cutter
Schneideunterlage
Leim
Pinsel

So wird's gemacht

Eine zum Geschenkpapier passende Farbe aussuchen und damit den Karton innen streichen. Sie können aber auch den Karton innen ebenfalls mit dem Geschenkpapier oder mit passendem einfarbigen Papier kaschieren. Lassen Sie in diesem Fall die auf der Schnittzeichnung dargestellten äußeren Papierzugaben weg.

Schneiden Sie das Geschenkpapier mit dem Cutter passend für Ihren Karton so zu, wie Sie es auf der Skizze sehen. Berücksichtigen Sie dabei nicht nur Boden, Deckel und Seitenflächen, sondern kalkulieren Sie auch die Kartonstärke (Wandstärke) mit ein.

Den Leim mit etwas Wasser verdünnen. Er sollte nicht zu flüssig (damit das Papier nicht aufquillt), aber auch nicht zu zäh zum Einstreichen sein.

Beginnen Sie mit dem mittleren Feld. Zügig mit Leim einstreichen, den Kartondeckel (oder Boden) aufsetzen, fest andrücken und mit dem Handballen von der Mitte aus zum Rand eventuell entstandene Luftblasen oder Falten ausstreichen.

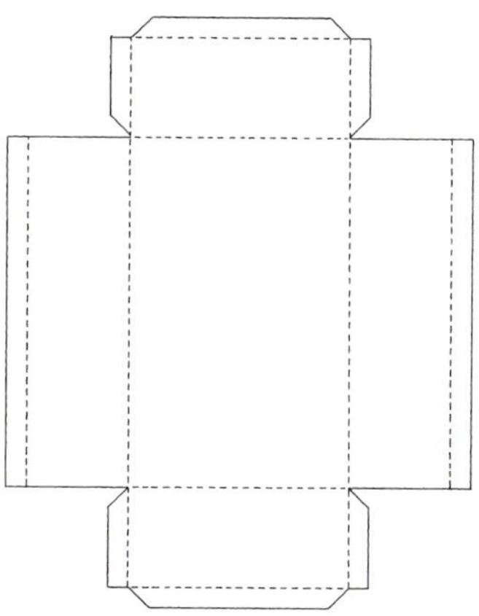

Danach die beiden Seitenteile mit den seitlichen Kleberändern aufkleben und zum Schluss die beiden Längsseiten kaschieren.

Geschenkkarton im ländlichen Stil

Ein mit rotem und kariertem Papier überzogener Karton wird zusätzlich mit Strohflechtband beklebt. Auch das farbig abgestimmte Seidenblumensträußchen ist mit einer dekorativen Schleife aus Strohflechtband verziert.

Material
Karton
rotes und kariertes Geschenkpapier
Strohflechtband
Knöpfe
Seidenblumen, Früchte und Blätter
Leim
Pinsel
Heißklebepistole oder Alleskleber

So wird's gemacht

Wie der Karton mit Papier überzogen wird, können Sie im Kapitel »Mit Geschenkpapier kaschierter Karton« auf Seite 9 nachlesen.

Beim großen Karton (unten) wird das Band an der Unterkante des Deckels entlang geklebt. Dies geht am schnellsten mit dem Heißkleber. (Mit Alleskleber müssen Sie mehr Geduld aufbringen und das Band länger andrücken.)

Legen Sie ein ca. 30 cm langes Stück Band zu einer Schleife in Achterform und kleben Sie diese am Karton fest. Zum Abdecken der Schleifenmitte ein kleines Stück Band darüber kleben.

Beim kleinen Karton (oben) werden zusätzlich über den Deckel zwei Bänderstücke geklebt. Auf die Schnittpunkte am Deckelrand werden jeweils zwei kleine Schleifen fixiert. Die Mitte dieser Schleifen ziert ein farblich passender Knopf.

Mit handgeschöpftem Pflanzenpapier überzogener und dekorierter Karton

Ganz im Trend des Naturlooks ist dieser mit edlem Papier kaschierte und mit pflanzlichen Materialien dekorierte Karton.

Material
Karton
handgeschöpftes Pflanzenpapier
naturfarbene Wellpappe
schwarzer Tonkarton bzw. schwarzes Tonpapier
Blatt, Schote
Bast
Leim
Pinsel
Alleskleber

So wird's gemacht

Überziehen Sie den Karton, wie im Kapitel »Mit Geschenkpapier kaschierter Karton« beschrieben (Seite 9), mit dem handgeschöpften Pflanzenpapier.

Aus der Wellpappe und dem schwarzen Tonkarton (bzw. Tonpapier) jeweils zwei unterschiedlich große Quadrate ausschneiden.

Kleben Sie diese auf dem kaschierten Kartondeckel übereinander und darauf das Naturmaterial (Blatt oder Schote).

Zum Abschluss auf dem Kartondeckel den Bast befestigen. Auf dem Karton rechts im Bild ist der Bast straff gespannt und an der Innenseite des Deckels angeklebt. Für den Karton links im Bild kleben Sie zuerst innen am Deckel links und rechts jeweils einen kleinen Bund Bast fest und binden diesen an der Deckeloberseite zu einer Schleife.

Potpourridose

Eine duftende Idee und ein nettes Geschenk ist diese mit Stoff überzogene Kartondose.

Material
Kartondose mit kreisförmiger Öffnung
Stoff
Tüll
Borten
Potpourri
Leim
Pinsel

So wird's gemacht

In einigen Hobbyläden bekommen Sie Kartondosen, die bereits mit kreisförmigen Öffnungen versehen sind. Sie können die Öffnung aber auch selbst unter Zuhilfenahme von Zirkel und Cutter herstellen. Schmirgeln Sie in diesem Fall anschließend die entstandene Kante vorsichtig nach.

Schneiden Sie aus dem Stoff einen Kreis aus, der größer ist als die Deckeloberfläche einschließlich Deckelrand. Die Deckeloberfläche mit leicht verdünntem Leim einstreichen und mit dem Stoff überziehen. Von der Mitte aus den Stoff sternförmig bis zum inneren Kreisradius einschneiden und nach innen kleben. Überstehenden Stoff abschneiden.

Die äußere Stoffzugabe bis zum Deckelrand hin streifenförmig einschneiden, mit Leim einstreichen, über die Kanten spannen und an die Deckelinnenseite kleben.

Aus dem Tüll einen der Größe der Deckelinnenseite entsprechenden Kreis ausschneiden und in den Deckel kleben.

Für das Dosenunterteil einen Stoffstreifen entsprechend dem Umfang der Dose mit je 3 cm Zugabe für oben und unten zuschneiden. Die Dosenaußenwand einleimen und mit dem Stoff überziehen. Die Stoffzugabe wieder streifenförmig einschneiden, mit Leim versehen und über die Kanten gespannt in der Dose und auf der Dosenunterseite ankleben. Auf die Dosenunterseite ein kreisförmiges Stoffstück kleben.

Zum Abschluss die Borten an der Unterkante des Deckels und der Dose ankleben.

Nun kann die Dose mit einer duftenden Potpourrimischung gefüllt werden.

Mit Stoff und Bändern kaschierte Spandose

Mit Stoff und Bändern überzogene Spandosen sind edle Behältnisse – beispielsweise für Ihren Modeschmuck.

Material
Spandose
Stoff
Bänder, die in der Breite dem Maß der Deckelhöhe bzw. der Dosenhöhe entsprechen
Leim
Pinsel

So wird's gemacht

Achten Sie beim Kauf der Spandose darauf, dass zwischen Deckel und Dosenunterteil möglichst viel Spielraum ist, damit sie sich nach dem Kaschieren leicht öffnen und schließen lässt.

Verwenden Sie Bänder, die beim Schneiden nicht ausfransen. Sie können auch Bänder verarbeiten, die genauso breit sind wie der Rand bzw. das Unterteil der Dose.

Große Dose: Aus dem Stoff ein Oval, etwas größer als die Deckeloberfläche, ausschneiden. Den Leim mit etwas Wasser verdünnen, auf den Stoff streichen und auf den Deckel kaschieren. Die Stoffzugabe zur Deckeloberfläche hin einschneiden, über die Kanten ziehen und fixieren. Das blaue Band ebenfalls mit Leim einpinseln und um den Deckelrand kleben. Ebenso das breitere rote Band am Dosenunterteil anbringen.

Kleine Dose: Sie wurde mit Bändern kaschiert. Leimen Sie auf die Deckeloberseite Streifen an Streifen des karierten Bandes. Anfang und Ende über die Kanten ziehen und ankleben. Achten Sie darauf, dass das Bandmuster einigermaßen symmetrisch läuft. Den Deckelrand beziehen Sie ebenfalls mit dem karierten Band. Das untere Dosenteil wurde hier mit einem breiten einfarbigen Band beklebt.

Kaschieren mit dickeren Materialien

Mit Kokosfaserpapier überzogener Karton

Zum Basteln gut geeignet ist handgeschöpftes, vliesartiges Kokosfaserpapier. Es lässt sich leicht schneiden und kaschieren.

Material
Karton
Kokosfaserpapier
Cutter
Lineal
Leim
Pinsel

So wird's gemacht

Die Ränder des Kartondeckels abmessen. Die Maße auf das Papier übertragen, das Papier ausschneiden und mit etwas verdünntem Leim bestreichen. Danach die Ränder bündig mit der Deckeloberkante aufkleben.

Nun ein Rechteck in Größe der Deckeloberfläche mit etwas Zugabe aus dem Papier ausschneiden und aufkleben. Überstehendes Papier erst einige Minuten später, nachdem der Leim etwas angetrocknet ist, wegschneiden. Ebenso bei der Bearbeitung des Dosenunterteiles vorgehen.

Mit handgeschöpftem Gräserpapier überzogene Dose

Handgeschöpftes Gräserpapier regt immer wieder die Phantasie an. Das Interessante an diesem Papier sind die langen überstehenden Fasern und Gräser. Diese werden daher in die Gestaltung mit einbezogen.

Material
(Kaffee-) Dose
handgeschöpftes Gräserpapier
Maßband
Heißklebepistole

So wird's gemacht

Sie bekommen handgeschöpftes Gräserpapier bandartig auf kleinen Rollen in exklusiven Papier- und Geschenkartikelläden.

Messen Sie den Dosenumfang. Tragen Sie dieses Maß mit etwas Zugabe auf das Gräserpapier auf und trennen Sie das Papier entlang dieser Markierungslinie durch vorsichtiges Reißen. Die dann beim Aufkleben entstehenden Stöße passen durch die unregelmäßigen Ränder besser zum Papiercharakter als exakte Schnittstellen.

Für die abgebildete hohe Dose brauchen Sie zwei Papierstreifen, um die gesamte Höhe abzudecken. Mit der Heißklebepistole zuerst den oberen, dann den unteren Streifen aufkleben.

Für den Deckel einen Kreis in der entsprechenden Größe mit einer Zugabe für die Deckelhöhe ausschneiden und aufkleben.

Mit Kork überzogene Dose

Diese edle mit Kork überzogene Dose dient als Aufbewahrungsort für Stifte oder auch für Tabak.

Material

Kartondose
Korkvlies
Metallschild mit Schrauben
Cutter
Lineal und Maßband
Leim
Pinsel
Alleskleber
Gummiringe

So wird's gemacht

Für die abgebildete Dose wurde der Rest einer Korkvlies-Auflage verwendet, die normalerweise unter Fertigparkettböden verlegt wird. Sie bekommen sie in Baumärkten oder bei Parkettverlegern. Das Metallschild finden Sie in gut sortierten Eisenwarenhandlungen.

Messen Sie den Umfang und die Höhe der Dose, und tragen Sie die Maße mit etwas Längenzugabe auf den Kork auf. Den Kork ausschneiden und die Dose mit Leim einstreichen. Stellen Sie die Dose auf einen festen, ebenen Untergrund und kleben Sie den Korkzuschnitt bündig mit der Dosenunterkante auf. Überlappende Teile nach Antrocknen des Leimes wegschneiden. Den Kork mit Gummiringen fixieren und vollständig trocknen lassen.

Beim Deckel ebenso, wie oben beschrieben, den Randstreifen aufkleben. Achtung – die Oberkante muss bündig sein! Nun das runde Oberflächenmaß des Deckels mit etwas Zugabe auf das Korkvlies übertragen, den Kork ausschneiden, aufkleben und nach Antrocknen des Leimes die überlappenden Teile vorsichtig wegschneiden.

Zum Schluss das dekorative Metallschild passend zur Rundung der Dose biegen und mit Alleskleber fixieren. Die Schrauben kürzen und in die dafür vorgesehenen Löcher kleben.

Karton im Ethnolook

Ganz im Trend liegen Sie, wenn Sie Ihren Geschenkkarton mit Wellpappe und getrockneten Naturmaterialien gestalten.

Material
Karton
naturfarbene Wellpappe
schwarzes Tonpapier
handgeschöpftes Pflanzenpapier
Zimtstangen
getrocknete Orangenscheiben
Bast
kleine Zweige
Leim
Pinsel
Heißklebepistole

So wird's gemacht

Achten Sie darauf, dass Sie einen Karton auswählen, bei dem der Deckel genügend Spiel hat, so dass dieser nach dem Kaschieren noch auf das Unterteil passt. Oder Sie kaschieren den Kartonunterteil nur bis zur Deckelunterkante mit Wellpappe.

Überziehen Sie den Karton mit Wellpappe in der Technik, wie es im Kapitel »Mit Kokosfaserpapier überzogener Karton« beschrieben ist (Seite 16).

Aus dem schwarzen Tonpapier und dem handgeschöpften Pflanzenpapier jeweils zwei Quadrate bzw. schmale Rechtecke unterschiedlicher Größe ausschneiden und übereinander auf den Karton kleben.

Nun mit der Heißklebepistole die Dekorationsmaterialien wie Zimtstangen, getrocknete Orangenscheiben usw. aufkleben. Bastfäden über den Deckel spannen und die Enden an der Innenseite ankleben. Zum Abschluss kleine zum Kreis gebogene Zweige aufkleben.

Mit getrockneten Bananenblättern überzogene Dose

Einen besonderen Blickfang stellt diese mit einer exklusiven Schleife dekorierte Dose dar. Vielleicht ein Geschenkkarton für ein besonders extravagantes Parfum?

Material
Dose
getrocknete Bananenblätter
besticktes Naturseidenband
Palmflechtband
2 Perlen, Messing antik
Leim
Pinsel
Cutter
Heißkleber

So wird's gemacht

Getrocknete Bananenblätter bekommen Sie in gut sortierten Bastelläden oder auch in Floristikläden, die getrocknete Naturmaterialien führen.

Schneiden Sie die Bananenblätter in Streifen. Die Dose mit etwas verdünntem Leim einstreichen und die Streifen der Länge nach aufkleben. Nach dem Trocknen mit dem Cutter die überstehenden Teile abschneiden.

Den Deckel ebenfalls mit Bananenblätterstreifen, Kante an Kante, bekleben und wiederum erst nach dem Trocknen die überstehenden Teile abschneiden.

Das Seidenband binden Sie zu einer üppigen Schleife und kleben diese mithilfe des Heißklebers auf den Dosendeckel. Ebenso das Palmflechtband. Vorsicht beim Binden, es ist sehr spröde! Auf seine Enden fädeln Sie die Perlen und fixieren diese mit etwas Heißkleber.

Eleganter Blätterkarton

Ein eleganter Geschenk- und Aufbewahrungskarton für Herren, die das Besondere lieben.

Material
Karton
getrocknete Blätter
Heißkleber
Bastelfarbe
Pinsel
gegebenenfalls Glyzerin aus der Apotheke oder der Drogerie und eine flache Schale

So wird's gemacht

Die im Handel erhältlichen getrockneten Blätter werden meist mit Glyzerin imprägniert. Dadurch sind sie nicht spröde und brüchig und lassen sich gut verarbeiten. Sie können Ihre gesammelten Blätter jedoch auch selbst imprägnieren. Dazu vermischen Sie zwei Teile heißes Wasser mit einem Teil Glyzerin. Geben Sie die abgekühlte Mischung in eine flache Schale und legen Sie die Blätter hinein. Sie müssen nun ein bis zwei Tage warten, bis die in den Blättern enthaltene Flüssigkeit vollständig durch das Glyzerin ausgetauscht worden ist. Sobald die optimale Sättigung der Blätter erreicht ist, entstehen an deren Oberfläche kleine Glyzerintropfen. Nun die Blätter sofort aus der Flüssigkeit nehmen, da sie sonst zu weich zum Verarbeiten werden.

Verwenden Sie zum Fixieren den Heißkleber, da Sie damit schneller und zügiger arbeiten können.

Kleben Sie drei Blätter zur Hälfte auf die Deckeloberfläche. Beginnen Sie dabei an der Deckelkante. Dann knicken Sie die Blätter nach unten und kleben sie am Deckelrand fest. Danach kleben Sie die restlichen Blätter schuppenartig auf. An der gegenüberliegenden Seite des Deckels angelangt, die Blätter wieder über die Kante knicken und am Rand ankleben. Die Seitenwände ebenfalls schuppenartig bekleben.

Der untere Kartonteil und auch der Innenraum werden mit farblich passender Bastelfarbe gestrichen.

Romantischer Blätterkarton

Die dezente Farbgebung in Naturweiß unterstreicht die Wirkung der zarten Blätter.

Material
Karton
Blätter
Bastelfarbe
Pinsel
Metallzierteil
Heißkleber oder
Alleskleber

So wird's gemacht

Setzen Sie zum Aufkleben dieser zarten Blätter den Heißkleber nur ein, wenn Sie Erfahrung damit haben. (Verbrennungsgefahr!) Anderenfalls verwenden Sie bitte den Alleskleber.

Bekleben Sie den Kartondeckel, wie im vorigen Kapitel »Eleganter Blätterkarton« beschrieben (Seite 21).

Das Unterteil des Kartons streichen Sie je nach Geschmack mit matter oder glänzender Bastelfarbe.

Das Metallzierteil so festkleben, dass Sie das Namensschildchen nach oben herausziehen können.

Aufkleben von Kordeln, Bändern und Borten

Runde Schachtel mit Kokosfaserseil

Einfach nachzuarbeiten ist diese mit Kokosfaserseil beklebte runde Schachtel, die durch ihr raffiniertes Outfit besticht.

Material
runde Schachtel
Kokosfaserseil
Heißkleber

So wird's gemacht

Markieren Sie die Mitte der Deckeloberfläche. Beginnen Sie hier mit dem Aufkleben des Kokosfaserseils, wobei Sie das Anfangsstück ca. 20 cm weghängen lassen. Nun die gesamte Deckeloberfläche und auch den Rand sehr dicht und kompakt bekleben. Das Anfangsstück zu einer Schlaufe legen und fest ankleben. Das Kartonunterteil von unten nach oben spiralförmig bekleben. Die Enden des Seiles schräg abschneiden und fixieren.

Romantische Biedermeierdose

Borten zu verarbeiten ist einfach und sehr beliebt.
Hier ein Beispiel, wie Sie mit dieser Technik eine edle Schmuckaufbewahrungsdose gestalten können.

Material
Dose
Stoffdruckbild und dazu passende Fassung
rosa Band mit Drahtkante
diverse Bänder, Borten und Kordeln
Leim
Pinsel
Alleskleber

So wird's gemacht

Stoffdruckbilder und die dazugehörige Fassung bekommen Sie in Bastelläden. Man findet sie auch in Glückwunschkarten und in Kalendern verarbeitet. Genauso gut können Sie ein Motiv aus einem gemusterten Stoff verwenden.

Kleben Sie das Stoffbild in die Fassung. Falls Sie keine Fassung haben, können Sie das Bild auch auf Karton kaschieren und in einen kleinen goldfarbenen Rahmen kleben.

Legen Sie das rosa Band mit der Drahtkante in Falten und kleben Sie es auf die Rückseite der Fassung. Diese Rosette fixieren Sie auf dem Dosendeckel. Kleben Sie nun rund ums Stoffbild und entlang des Deckelrandes mehrere Reihen Borten und Kordeln.

Das Dosenunterteil bestreichen Sie mit Leim und überziehen es mit einem breiten rosafarbigen Band. Mit dem Alleskleber nach Belieben noch weitere Reihen Kordeln und Borten fixieren.

Kordeldose

Zum Verzieren von Dosen sind Kordeln wunderbar geeignet. Durch die gleichmäßige, aber lebendig strukturierte Oberfläche wirken sie ausgesprochen vornehm.

<u>Material</u>
runder Karton
grüne Kordel
goldfarbene Kordel
Klebeband
Alleskleber
Schere
1 große Perle mit großem Bohrloch
6 kleinere Perlen mit großen Bohrlöchern

So wird's gemacht

Der Anfang der grünen Kordel wird mit einem schmalen Stück Klebeband fixiert, da das Material sonst ausfranst.

Dann kleben Sie die Kordel (das kleine Klebebandstück bleibt) von der Mitte aus spiralförmig auf den Dosendeckel auf.

In der Mitte eine Öffnung für die goldfarbene Kordel lassen.

Die ganze Deckeloberfläche sowie den Deckelrand und auch das Dosenunterteil bekleben. Die Enden der Kordel werden jeweils mit Klebeband umwickelt und fixiert.

In die Mitte des Deckels mit der Schere ein Loch stechen. Drei kurze Stücke (ca. 25 cm lang) Goldkordel durchziehen und sowohl an der Deckelinnenseite als auch an der Außenseite jeweils einen Knoten binden. Nun alle drei Kordeln durch die große Perle fädeln und an den Enden jeweils die kleinen Perlen auffädeln und ankleben.

Nostalgische Samtdose

Als immer passendes und persönliches Mitbringsel eignet sich eine selbst gestaltete Konfektdose.

Material
Dose
Goldfarbe
breites Samtband oder Stoffstück
breites Zierband
Borten und schmale Zierbänder
Goldkordel
Bindedraht
Leim
Pinsel
Alleskleber

So wird's gemacht

Streichen Sie den Dosendeckel und den Dosenboden mit Goldfarbe. Kaschieren Sie die Dosenunterseite mit dem Samtband oder dem Stoffstreifen, wie in den vorausgegangenen Kapiteln beschrieben.

Die Bänder und Borten werden an der Ober- und Unterkante und auch um die Mitte der Dose mit Alleskleber fixiert.

Binden Sie mit einem breiten Zierband unter Zuhilfenahme eines dünnen Bindedrahtes eine üppige Schleife, in die Sie auch die Goldkordel integrieren. Dieses Schleifengebinde kleben Sie nun auf den Dosendeckel, und die fertige Konfektdose kann gefüllt werden.

Aufkleben von Dekorteilen

Festliche Geschenkschatulle

Festliche Bänder, passendes Dekormaterial und etwas Kreativität machen aus einer gewöhnlichen Holzschatulle ein Prunkstück.

Material
Holzschatulle
Goldfarbe
breites Satinband mit Drahtkante
Kordel
Dekorteile aus Keramik und Glas
Leim
Pinsel
Heißkleber

So wird's gemacht

Die Schatulle wird mit Goldfarbe gestrichen oder, wie auf dem Foto zu sehen ist, mit Blattmetall vergoldet. Die Anleitung dazu entnehmen Sie dem Kapitel »Mit Blattgold vergoldete Dose« (Seite 37).

Streichen Sie das Satinband mit etwas verdünntem Leim ein. Kleben Sie den Anfang des Bandes mit dem Heißkleber innen in den vorderen Deckelrand der Schatulle. Kaschieren Sie das Band nun über die gesamte Dose und kleben Sie das Ende mit dem Heißkleber innen in das vordere Schatullenunterteil. Das Band fest andrücken und eventuell entstandene Falten glätten.

Binden Sie aus dem Satinband und der Kordel jeweils eine achterförmige Schleife. Legen Sie die Schleifen übereinander und fixieren Sie dieses Gebinde mit Heißkleber auf dem Deckel. Zum Schluss noch die Dekorteile ankleben.

Rustikal dekorierte Spandose

Der Herbst stand Pate bei der stimmungsvollen Farbgebung der Dekoration auf dieser Spandose.

Material
Spandose
grüne Bastelfarbe
kariertes Band
Bindedraht
Dekorfrüchte und -beeren
Blätter, kleine Zweige
Leim
Pinsel
Heißkleber

So wird's gemacht

Streichen Sie den Deckel der Spandose grün an.

Das Dosenunterteil wird, wie in den vorausgehenden Kapiteln beschrieben, mit dem karierten Band kaschiert.

Aus dem restlichen Band gestalten Sie mithilfe von Bindedraht eine füllige Schleife und kleben diese mit dem Heißkleber auf den Deckel.

Die Stiele des Dekormaterials kürzen, zu einem Halbkreis auf dem Deckel anordnen und fixieren. Zum Abschluss einige Blätter und zarte Zweige aufkleben.

Mit Zweigen und Zapfen dekorierte Dose

Eine außergewöhnliche Wirkung können Sie mit so einfachem Material wie kleinen vergoldeten Zapfen und dünnen Zweigen erzielen.

Material
Dose
Lineal
dünne Zweige
Casuarina-Zapfen, vergoldet
Zange
Goldband
Goldquaste
Heißkleber

So wird's gemacht

Messen Sie die Höhe des Dosenunterteiles abzüglich der Deckelhöhe. Zwicken Sie die Zweige auf diese Länge ab und kleben Sie die Hölzchen mit Heißkleber auf. Immer wieder prüfen, ob der Deckel optisch schön mit den Hölzchen abschließt, das heißt, die Hölzchen sollen nicht zu kurz oder zu lang sein; sie sollen eine gleichmäßige Oberkante bilden.

Messen Sie die Höhe des Deckels, geben Sie noch ca. 2 cm dazu und kürzen Sie die restlichen dünnen Zweige entsprechend. Bekleben Sie nun den Rand des Deckels so, dass die Hölzchen ca. 2 cm über den Deckel ragen.

Nun wird die Oberfläche des Deckels mit den goldenen Zapfen dicht beklebt.

Zum Abschluss das Goldband um das Dosenunterteil legen und eine einfache Schnürsenkelschleife binden. Die Goldquaste in die Mitte der Schleife kleben.

Weihnachtlich duftende Spandose

Der Geruch von Orangen, Zimt und Nelken lässt Vorfreude aufkommen: Weihnachten ist nun nicht mehr weit!

Material
Spandose
Klebeband
alter Kochtopf
Kerzengießwachs oder Kerzenreste
getrocknete Orangenscheiben
Zimtstangen
Nelken
braune und goldfarbene Bastelfarbe
Pinsel
Bast
goldene Kordel und Quasten
Bouillondraht
Heißkleber

So wird's gemacht

Kerzengießwachs bekommen Sie in Bastelläden. Falls Sie Kerzenreste verwenden, achten Sie darauf, dass diese nicht farbig, möglichst transparent und nicht verschmutzt sind.

Kleben Sie um die Oberkante des Dosendeckels einen Klebestreifen so herum, dass eine halbe Breite des Klebestreifens oben übersteht.

Nun schmelzen Sie bei niedriger Temperatur in einem alten Kochtopf das Wachs.

In der Zwischenzeit die getrockneten Orangenscheiben, Zimtstangen und Nelken nach Belieben auf dem Dosendeckel gruppieren.

Das geschmolzene Wachs vorsichtig auf den Deckel gießen.

Die Orangenscheiben erst zum Schluss und nur ganz wenig mit Wachs bedecken. Die Ränder des Dekorationsmaterials sollen noch teilweise herausschauen. Nach dem Erkalten das Klebeband vorsichtig abziehen.

Den Deckelrand und das Dosenunterteil mit brauner oder goldener Bastelfarbe streichen.

Bei der großen Dose (auf dem Foto rechts) sehen Sie den Deckelrand mit Bast umwickelt. In der Bastschleife werden Quasten fixiert. Ober- und Unterkante der Dose werden zusätzlich noch mit einer Goldkordel beklebt. Die teilweise aus dem Wachs herausragenden Dekormaterialien mit Goldfarbe betupfen.

An den Deckelrand der kleinen Dose (auf dem Foto links) wurden mit dem Heißkleber gekürzte Zimtstangen geklebt. Außen herum einige Bastfäden legen und diese zu einem Knoten binden. Zum Schluss noch den etwas gedehnten Bouillondraht zwischen die Zimtstückchen sternförmig über den Deckel spannen.

Rosenkistchen

Dieser wunderschöne mit getrockneten Rosen und Birkenrinde dekorierte Karton eignet sich auch sehr gut als stimmungsvolle Tischdekoration.

Material
Karton
Birkenrinde
getrocknete Rosen
Zange
Heißkleber
Bastbund

So wird's gemacht

Bekleben Sie das Kartonunterteil und den Deckel mit der zugeschnittenen Birkenrinde. Die Anleitung dazu entnehmen Sie dem Kapitel »Mit Zweigen und Zapfen dekorierte Dose« (Seite 31). Beachten Sie, dass die Rindenstücke ca. 2 cm über die Deckeloberkante ragen.

Nun die Rosen entsprechend kürzen und streng geometrisch geordnet auf den Deckel kleben.

Aus dem Bastbund flechten Sie einen Zopf, legen diesen um das Kartonunterteil, binden einen festen Knoten und schneiden die Enden auf gleiche Länge.

Mit Prägefolienmotiven dekorierte Keksdose

Die mit dreidimensionalen Sonnen und Sternen dekorierte und mit duftenden Weihnachtskeksen gefüllte Dose ist zur Weihnachtszeit ein magischer Anziehungspunkt für die ganze Familie.

Material
Metalldose
Metallprägefolie
Kopien mit Stern- und Sonnenmotiven
Klebeband
stumpfer Bleistift
weiche Unterlage (Zeitung)
abgerundetes Modellierstäbchen oder auf ein Holzstäbchen gesteckte kleine Holzkugel
alte Schere
Alleskleber
Gummiringe

So wird's gemacht

In Bastelbüchern und Einrichtungszeitschriften finden Sie verschiedene Stern- und Sonnenmotive. Machen Sie davon Kopien, fixieren Sie die ausgeschnittenen Motive mit Klebestreifen auf der Prägefolie und zeichnen Sie die Konturen mit einem stumpfen Bleistift auf einer weichen Unterlage durch.

Entfernen Sie anschließend die Vorlage, drehen Sie die Folie um und arbeiten bzw. drücken Sie mit dem Modellierstäbchen (oder mit einer auf ein Holzstäbchen gesteckten Holzkugel) die Motive heraus.

Mit leichtem Druck beginnen und das Motiv immer mehr in Form bringen.

Zum Schluß die Form ausschneiden und, falls erforderlich, auf der Vorderseite noch etwas nacharbeiten.

Die Motive mit Alleskleber auf die fettfreie saubere Dose kleben und mit Gummiringen fixieren, bis der Klebstoff getrocknet ist.

Oberflächengestaltung mit Farbe und anderem Material

Mit Blattmetall vergoldete Dose

Es gibt viele Anlässe, um eine mit Blattmetall vergoldete edle Dose zu verschenken.

Material
Porzellan- oder Holzdose
Blattmetall, zum Beispiel Flocken Antik
Spezialkleber für Blattmetall
transparenter Lack (Schellack)
Pinsel
weiches Tuch

So wird's gemacht

Mit Blattmetall lassen sich fast alle Oberflächen, Metall, Kunststoff usw., vergolden. Es ist leicht zu verarbeiten und preisgünstiger als echtes Blattgold. Blattmetall ist in Bastelläden in den Farbnuancen Gold, Silber und auch in Effektvarianten, wie Antik, Fantasy usw., in Form von Flocken oder quadratischen Stücken erhältlich.

Die Oberfläche der Dose muss sauber und fettfrei sein. Falls der Untergrund zu porös ist, muss er vorher mit Schellack grundiert werden.

Streichen Sie den Spezialkleber dünn und gleichmäßig auf. Die in der Gebrauchsanweisung angegebene Trocknungszeit abwarten.

Nehmen Sie nun das Blattmetall vorsichtig auf und belegen Sie die Dose Stück für Stück damit. Leicht andrücken. Mit kleinen Flocken dauert die Anlegearbeit entsprechend länger. Sie können aber auch die ganze Oberfläche großzügig und überlappend bedecken, denn das Blattmetall hält nur dort, wo Sie den Kleber aufgebracht haben.

Nach dem ersten Andrücken tupfen Sie das Blattmetall nun mit einem weichen Tuch fest auf die Dosenoberfläche. Sie können dies auch mit einem weichen, dicken Pinsel machen. Abschließend kontrollieren Sie, ob alle gewünschten Stellen vergoldet sind. Nicht haftendes Blattmetall erneut ankleben.

Die mit Blattmetall beklebte Dose einen Tag trocknen lassen und anschließend mit einem weichen Tuch polieren. Da das Blattmetall allmählich oxidiert, sollten Sie der Dose mit Schellack oder einem anderen transparenten Lack noch einen schützenden Anstrich geben.

Mit »fremden Federn« geschmücktes Gefäß

Eine Dekorationsvariante, die zum Streicheln animiert.

Material
Cremetiegel aus Glas
Blattmetall
Spezialkleber für Blattmetall
kleine Federn
Alleskleber

So wird's gemacht

Den Schraubverschluss des ehemaligen Cremetiegels, wie im Kapitel »Mit Blattmetall vergoldete Dose« auf Seite 37 beschrieben, mit Blattmetall vergolden.

Die Federn schuppenartig um das Gefäß herum anordnen und jeweils mit dem Federkiel am Cremetiegel ankleben. Falls erforderlich, die Kiele etwas kürzen.

Schatztruhe

Ein Behältnis für besonders wertvolle Dinge – vielleicht für romantische Briefe?

Material
Schatulle
Blattmetall
Spezialkleber für Blattmetall
transparenter Lack (Schelllack)
Pinsel
Glassteine
Zierteile
goldfarbene Konturenpaste (Glasmalerei)
2 kleine goldfarbene Quasten
Alleskleber

So wird's gemacht

Vergolden Sie die Schatulle, wie im Kapitel »Mit Blattmetall vergoldete Dose« beschrieben (Seite 37).

Da das Blattmetall leicht oxidiert, sollten Sie die Schatulle nach etwa vier bis fünf Tagen Trocknungszeit mit transparentem Lack streichen. Nachdem der Transparentlack getrocknet ist, kleben Sie die Steine und die Zierteile auf.

Anschließend verzieren Sie die Schatulle mit der goldfarbenen Konturenpaste. Dazu schrauben Sie auf die Tube die mitgelieferte spitze Düse und malen die Goldfarbe direkt mit der Tube auf die Schatulle.

Zum Schluss an die Ecken des Deckels die kleinen Quasten kleben.

Mit Goldtusche beschriftete Spandose

Diese dekorativen Döschen sind einfach anzufertigen und wirken sehr apart. Sie lassen sich zu Weihnachten und auch das Jahr über als effektvolle Verpackung für kleine Überraschungen nutzen.

Material
Spandose
glänzender Bastellack
Pinsel
goldfarbene Tusche
Schreibfeder,
dünner Pinsel
goldfarbene Kordel und Quasten
Alleskleber

So wird's gemacht

Anstelle von goldfarbener Tusche können Sie auch einen Lackstift verwenden.

Lackieren Sie die Dose in der gewünschten Farbe. In der Zeit, in der die Dose trocknet, probieren Sie auf einem Papier das Schreiben mit der Feder und der Goldtusche. Für größere Buchstaben, Namen oder Monogramm, können Sie auch einen dünnen Pinsel verwenden.

Wenn die lackierte Dose trocken ist, schreiben Sie Ihren Text auf den Deckel und auf das Dosenunterteil. Es ist ein beabsichtigter Effekt, dass die Schreibfläche zu klein wirkt und die Worte über den Deckelrand hinaus geschrieben werden.

Nach dem Trocknen der Tusche den Dosendeckel mit der Goldkordel einfassen und an einer Seite die Goldquasten bzw. die kleine Schleife aufkleben.

Granitfarbendose

Durch die verschiedenen Struktur gebenden Materialien, wie Perlen, Zahnstocher, Verpackungsschnur, die vor dem Bemalen aufgeklebt werden, erhält jede Dose ihren eigenen Charakter.

Material
Dose
Schnüre, Holzperlen, Zahnstocher usw.
Alleskleber
Granitfarbe
Pinsel
Goldfarbe
Küchenpapier

So wird's gemacht

Zuerst kleben Sie das Struktur gebende Material auf. Die grüne Dose ist mit Holzperlen verziert. Die türkisfarbene Dose wurde mit einer Verpackungsschnur spiralförmig umwickelt. Bei der kleinen grauen Dose wurden Zahnstocher auf die passende Länge gekürzt und seitlich aufgeklebt.

Nach dem Trocknen die Dose satt mit Granitfarbe bemalen. Je nachdem, wie gut die Farbe deckt, müssen Sie zwei- bis dreimal streichen. Dazwischen immer wieder trocknen lassen.

Zum Abschluss geben Sie auf ein Stück Küchenpapier etwas Goldfarbe. Diese wird vorsichtig und sparsam auf die erhabenen Stellen getupft bzw. gewischt.

Ornamentdose

Mit der Heißklebepistole kann man ausgefallene Dekorationseffekte erzielen. Der Klebstoff wird in der Klebepistole erhitzt und anschließend auf der Dose verteilt. So lassen sich verschiedene Muster aufbringen.

Material
Dose
Arbeitsunterlage
Heißklebepistole
Bastelfarbe
Pinsel
Goldfarbe
Küchenpapier

So wird's gemacht

Halten Sie die Dose über eine Arbeitsunterlage und tragen Sie den Heißkleber auf. Bewegen Sie die Pistole einfach kreuz und quer oder in bestimmte Richtungen, oder formen Sie Ornamente.

Vorsicht: Die Klebemasse ist heiß!

Mit Glassteinen dekorierter Tannenbaum

Die Glassteine auf dieser tannenbaumförmigen Schachtel haben die Wirkung von Christbaumkugeln.

Material
Tannenbaumschachtel
Heißklebepistole
Glassteine
Goldfarbe
grüne Bastelfarbe
Pinsel
Alleskleber

So wird's gemacht

Ziehen Sie mit dem Heißkleber auf der Schachtel einen ringförmigen Umriss, der ungefähr dem Durchmesser eines Glassteines entspricht. Dann drücken Sie den Stein in die noch weiche Klebemasse. Auf diese Weise einen Stein nach dem anderen fixieren.

Ist der Kleber erkaltet, lösen Sie die Glassteine wieder ab und streichen den Schachteldeckel goldfarben an. Wenn die Goldfarbe trocken ist, kleben Sie die Glassteine mit Alleskleber in die dafür vorgesehenen »Fassungen«.

Das Schachtelunterteil wird grün gestrichen.

Nach kurzer Zeit ist die Klebemasse fest geworden und Sie können mit dem Bemalen beginnen. Verwenden Sie nach Ihrem Geschmack eine matte oder glänzende Bastelfarbe. Je nach Deckkraft der Farbe müssen Sie zwei- bis dreimal streichen.

Abschließend geben Sie etwas Goldfarbe auf ein Stück Küchenpapier und tupfen diese vorsichtig auf die erhabenen Ornamente.

Karton mit kaschierten Papiermotiven

Mit selbst gewählten und kopierten Motiven lassen sich ganz persönliche Verpackungskartons gestalten.

Material
Schachtel
Schwarzweißkopien
Leim
Pinsel
Wasserfarben
Reißlack
braune Ölfarbe oder Bauernmalpatina
Küchenpapier

So wird's gemacht

Suchen Sie sich aus Zeitschriften und Büchern Motive heraus und stellen Sie davon normale Schwarzweißkopien her.

Das ausgeschnittene Motiv kurz in Wasser tauchen und gleich mit Küchenpapier abtupfen.

Den mit etwas Wasser verdünnten Leim mit einem Pinsel auf die Rückseite des Motivs streichen.

Das Motiv auf den Karton legen und andrücken. Mit einem Stück Küchenpapier oder Tuch von innen nach außen streichen. Falls seitlich etwas Leim austritt, ist dies kein Problem, da er transparent trocknet.

Nun dem Karton mit stark verdünnten Wasserfarben einen zarten lasierenden Farbanstrich geben.

Nach dem Trocknen den Reißlack nach Anleitung des Herstellers verarbeiten. Durch Auftragen des Reißlackes bilden sich auf der Kartonoberfläche antik wirkende Risse. Diese feinen Risse werden durch Überwischen mit etwas brauner Ölfarbe oder Bauernmalpatina noch verstärkt, und der »Antikeffekt« kommt so besser zur Geltung.

Mit nostalgischen Decoupage-Papiermotiven überzogene Spandose

Der Begriff »Decoupage« kommt aus dem Französischen und bezeichnet die Technik des Ausschneidens und Kaschierens von Papiermotiven. In Papier- und Hobbyläden gibt es Decoupage-Ausschneidebögen. Sie können aber auch aus Geschenkpapier geschnittene Motive verwenden.

Material
Spandose
Bastelfarbe
Papiermotive
Leim
Pinsel
Reißlack
Bauernmalpatina
Borten oder Kordeln
Alleskleber
weiches Tuch

So wird's gemacht

Malen Sie die Dose mit Bastelfarbe an, wobei sich am besten ein Farbton eignet, der in den Motiven vorkommt. Die Farbe trocknen lassen.

In der Zwischenzeit die Motive ausschneiden und, wenn die Dose trocken ist, diese aufkleben. Wie Sie die Dose mit den Papiermotiven bekleben, entnehmen Sie dem Kapitel »Karton mit kaschierten Papiermotiven« (Seite 45).

Nach dem Kaschieren geben Sie der Dose mit der Patina einen antiken Effekt.

Wenn Sie diesen noch verstärken wollen, überziehen Sie die Dose mit Reißlack (Gebrauchsanweisung beachten!). Auf die so behandelte Dosenoberfläche wird dann mit einem weichen Tuch die Patina aufgetragen und damit der nostalgische Effekt verstärkt.

Zum Abschluss nach Geschmack die Dose mit Borten und Kordeln einfassen.

Tannenbaumschachtel

Im Handel sind Kartonagen in unterschiedlichen Formen erhältlich. Mit der Heißklebepistole dekoriert, werden sie zu originellen Unikaten.

Material
Tannenbaumschachtel
Heißklebepistole
Bastelfarbe
Pinsel
Goldfarbe
Küchenpapier

So wird's gemacht

Mit der Heißklebepistole lassen sich auch regelmäßige Ornamente, wie zum Beispiel Spiralen, Punkte usw., aufbringen.

Wenn die Klebemasse erkaltet ist, streichen Sie den Schachteldeckel in der gewünschten Farbe. Nach dem Trocknen die Goldfarbe auftupfen. Die genaue Anleitung dafür können Sie im Kapitel »Ornamentdose« (Seite 42) nachlesen.